AF340474

# LES VOYAGES

## DE

# M<sup>ME</sup> DE SÉVIGNÉ

## DANS LE LYONNAIS

### (1672 à 1694)

### Par A. POIDEBARD

LYON

IMPRIMERIE MOUGIN-RUSAND

3, Rue Stella, 3

# LES VOYAGES

## DE

## Madame de Sévigné

(Extrait de la *Revue du Lyonnais*).

# LES VOYAGES

## DE

# M<sup>ME</sup> DE SÉVIGNÉ

## DANS LE LYONNAIS

### (1672 à 1694)

### Par A. POIDEBARD

LYON
IMPRIMERIE MOUGIN-RUSAND
3, Rue Stella, 3

—

1889

# LES
# VOYAGES de M<sup>me</sup> de SÉVIGNÉ
## Dans le Lyonnais
### (1672 à 1694)

MADAME de Sévigné est venue à Lyon, cinq fois, au cours de ses voyages de Paris à Grignan, de l'année 1672 à l'année 1694. Chaque fois, elle y a fait un court séjour dont elle a conservé le souvenir dans sa correspondance. A maintes reprises, elle parle de Lyon, où elle avait des relations de parents et d'amis, où elle a adressé quelques-unes de ses lettres les plus connues, où sa fille, la comtesse de Grignan, ne manquait pas de s'arrêter chez sa belle-sœur, M<sup>me</sup> de Rochebonne, lorsqu'elle allait en Provence.

Les lettres de M<sup>me</sup> de Sévigné, si souvent consultées pour l'histoire générale du pays, peuvent être aussi une source de renseignements pour l'histoire des provinces que leur auteur a visitées.

Les longs séjours de M<sup>me</sup> de Sévigné en Bretagne, dans le vieux manoir des Rochers, berceau de la famille de son mari, ont inspiré un livre fort intéressant à M. Léon de la

Brière, ancien sous-préfet de Vitré, qui a extrait de la volumineuse correspondance et groupé dans un volume de trois cents pages tous les traits épars relatifs à la Bretagne, de manière à détacher comme un tableau de cette galerie dont la postérité ne se lasse pas d'admirer les chefs-d'œuvre.

Un semblable travail pourrait être fait pour la Provence, à qui appartient la moitié de la vie de M^me de Sévigné, depuis le jour où sa fille épousa le comte de Grignan, commandant au nom du Roi comme lieutenant général, en l'absence du duc de Vendôme, gouverneur de la province.

Pour Lyon, il n'y a rien de semblable à tenter, parce que cette ville n'occupe qu'un rang inférieur dans les préoccupations de la marquise. Si le nom de notre cité revient souvent sous sa plume, ce n'est qu'à l'occasion des visites qu'elle ou sa fille y ont faites en passant, ou des rapports de famille ou d'amitié qu'elles y entretenaient.

Les traits relatifs à Lyon dans les lettres de M^me de Sévigné n'ont pas échappé, jusqu'à ce jour, à l'attention des historiens. M. Péricaud dans ses *Notes et documents*, et M. Breghot du Lut dans ses *Mélanges*, ne manquent pas de les rappeler à leur date. Les *Archives du Rhône* en ont recueilli quelques-uns. Le baron Walckenaer dans ses *Mémoires*, consacre un chapitre au passage de M^me de Sévigné à Lyon en 1672. Mais tout cela est bien incomplet. Les notes qui enrichissent les lettres de M^me de Sévigné dans l'édition définitive des grands écrivains de France, ne sont pas sans erreur pour les passages qui intéressent notre région. Enfin, les deux volumes de lettres publiés par M. Capmas, à la suite de l'édition Régnier et après la découverte en 1873, à Dijon, d'un nouveau manuscrit, ont apporté quelques détails inédits sur les voyages à Lyon en 1690 et 1694, mais contiennent aussi à leur propos des notes erronées.

Il peut donc paraître de quelque intérêt de réunir les renseignements relatifs à l'histoire de Lyon disséminés soit dans la correspondance elle-même, soit dans les travaux d'érudition qu'elle a inspirés, de les compléter, de les rectifier au besoin. Toutefois, il ne faudrait pas chercher dans les lettres de Mᵐᵉ de Sévigné, pour éclairer l'histoire d'un pays, ce que l'on trouve dans les récits des voyageurs de profession, qui voyagent pour s'instruire, qui regardent, visitent et racontent ce qu'ils ont vu. Mᵐᵉ de Sévigné voyageait, comme les grands personnages de son temps, uniquement pour arriver. Va-t-elle à Grignan ? Sa préoccupation est de toucher au but et d'embrasser bientôt celle qui fut l'objet de son unique passion. Retourne-t-elle à Paris ? Elle regarde derrière elle, elle écrit pour exhaler ses regrets et gémir sur la séparation. En route, à peine se laisse-t-elle distraire par ce qu'elle entrevoit du fond de son carrosse. Dans les villes où elle est l'objet de l'attention et des égards de tout ce qu'il y a de haut placé, un mot sur chacun, une phrase pour résumer l'emploi de la journée et c'est tout. Mais c'est assez pour nous intéresser. Sa manière de rapporter les choses est précieuse à qui aime à les saisir sur le vif. Tout chez elle est naturel. Son jugement libre inspire confiance. Elle ignore l'art familier à ceux qui écrivent pour le public de déguiser les faits, d'accommoder aux passions et aux préjugés les hommes et les événements. C'est d'elle surtout que l'on peut dire ce qu'elle écrivait à sa fille, à propos des lettres qu'elle en recevait dans les premiers temps de leur correspondance : « Vos lettres sont si « naturelles qu'il est impossible de ne les pas croire ; la

« défiance même en serait convaincue : elles ont ce carac-
« tère de vérité que je maintiens toujours, qui se fait voir
« avec autorité, pendant que la fausseté et la menterie
« demeurent accablées sous les paroles sans pouvoir per-
« suader; plus elles s'efforcent de paraître, plus elles sont
« enveloppées. Les vôtres sont vraies et le paraissent. Vos
« paroles ne servent tout au plus qu'à vous expliquer, et
« dans cette noble simplicité, elles ont une force à quoi
« l'on ne peut résister. »

Le mariage de M<sup>lle</sup> de Sévigné avec le comte de Grignan
a été l'occasion et comme la préface de cette fameuse correspondance qui a commencé en même temps et duré aussi
longtemps que la séparation de la mère et de la fille.

Après son mariage, qui eut lieu à Paris le 29 janvier 1669,
la jeune comtesse de Grignan demeura encore deux ans
auprès de sa mère. Elle la quitta pour la première fois le
5 février 1671, pour aller en Provence, voyageant avec ses
équipages, se dirigeant sur Lyon par la route du Bourbonnais. Le lendemain et les jours suivants, sa mère lui
adresse à Lyon, où elle les trouvera à son passage, les premières lettres qui commencent cette longue suite de plaintes
sur les douleurs de la séparation.

Les inquiétudes qui assiègent M<sup>me</sup> de Sévigné à l'occasion
de ce premier voyage, font paraître à ses yeux comme de
terribles dangers grossis par l'imagination, certaines diffi-
cultés de la route que sa fille doit suivre, surtout la traversée de la montagne de Tarare et la navigation sur le
Rhône, de Lyon jusqu'à Arles, où la comtesse devait
rejoindre son mari. « Je vois, dit-elle, ce carrosse qui
« avance toujours et qui n'approchera jamais de moi;

« je suis toujours dans les grands chemins ; il me semble
« même que j'ai quelquefois peur qu'il ne verse ; les pluies
« qu'il fait depuis trois jours me mettent au désespoir. Le
« Rhône me fait une peur étrange. J'ai une carte devant
« les yeux ; je sais tous les soirs où vous couchez ; vous
« êtes ce soir à Nevers, et vous serez dimanche à Lyon, où
« vous recevrez cette lettre. » « Mandez-moi bien comme
« vous conduirez votre barque. Hélas ! elle m'est chère et
« précieuse cette petite barque que le Rhône m'emporte si
« cruellement. » « L'impatience que j'ai d'avoir de vos
« nouvelles de Roanne, de Lyon et de votre embarquement
« n'est pas médiocre ; et si vous avez descendu au Pont et
« de votre arrivée à Arles, et comme vous avez trouvé ce
« furieux Rhône en comparaison de notre pauvre Loire. »
En réponse aux nouvelles qu'elle reçoit de Lyon, Mᵐᵉ de
Sévigné écrit à sa fille, le 25 février, à propos de la traversée
de la montagne de Tarare : « Je ne suis pas encore à
« l'épreuve de tout ce que vous me mandez. J'ai transi de
« vous voir passer la nuit cette montagne que l'on ne
« passe jamais qu'entre deux soleils et en litière. Je ne
« m'étonne pas, ma chère, si vos parties nobles ont été
« culbutées. M. de Coulanges avait mandé au secré-
« taire de M. du Gué que l'on envoyât une litière à
« Roanne. Si vous aviez écrit un mot du jour que vous
« croyez arriver, vous l'auriez trouvée infailliblement.
« Jamais personne comme vous ne s'est conduite comme
« vous avez fait, et jamais aussi on n'a laissé mourir de
« faim une pauvre femme. La prévoyance de la fourmi
« nous apprend qu'il faut faire des provisions où l'on en
« trouve, pour quand on n'en trouve point. Ma chère
« enfant, comme vous avez été traitée ! Si j'avais été là, il
« n'en eût pas été de même, et je n'aurais pas pris votre

« courage pour de la force, comme on a fait... en un mot,
« vos fatigues ont été grandes ; il n'en est plus question
« présentement ; mais tout ce qui vous touche ne me passe
« pas légèrement dans l'esprit. »

Dans la lettre suivante, elle revient sur le même sujet :
« On m'a tantôt dit mille horreurs de cette montagne de
« Tarare : que je la hais ! il y a un autre certain chemin
« où la roue est en l'air et où l'on tient le carrosse par
« l'impériale ; je ne soutiens pas cette idée ; mais il n'est
« plus question de tout cela. »

L'ancien tracé de la vieille route qui rendait si formidable aux voyageurs le passage de la montagne de Tarare subsiste encore et peut être suivi par les piétons sur tout son parcours. Il n'est pas moins remarquable par sa largeur que par ses pentes abruptes qui escaladent la montagne presque en ligne droite. Un curieux règlement du conseil du Roi dont il existe un exemplaire à la bibliothèque de Lyon (fonds Coste), fut fait au siècle dernier (1781), pour *les particuliers qui sont dans l'usage de tenir des bœufs au bas de la montagne de Tarare pour aider à monter les voitures.* Il paraît que ces loueurs rançonnaient les voyageurs et les forçaient à prendre pour le renfort plus de bœufs qu'il n'était nécessaire. Le règlement en fixe le nombre et le tarif suivant la saison et le poids de la voiture à peine d'une amende de 50 livres applicable à l'hôpital de Tarare.

Qui croirait qu'un lieu aussi inaccessible que le sommet de cette montagne ait pu être témoin, en 1536, de l'entrevue de François I^er, revenant de Provence et du roi d'Écosse Jacques V, qui venait demander au roi de France la main de sa fille aînée, Madeleine de France. C'est ce que racontent les vieilles chroniques rappelées par M. Vachez à propos des voyages d'Abraham Golnitz, qui suivait, 40 ans avant elle, la même route que la comtesse de Grignan (1).

Arrivée à Lyon le dimanche 15 février, après un voyage de 125 lieues franchies en 10 jours, M<sup>me</sup> de Grignan, au lieu de prendre du repos, dut subir les fêtes données eu son honneur par les familles du Gué-Bagnols et de Rochebonne. Sa mère lui prédit qu'elle sera si étourdie des honneurs qu'on lui fera, qu'elle n'aura pas le temps de lire ses lettres. Elle se préoccupe des succès, des toilettes de sa fille ; elle veut savoir si elle a été trouvée belle. M<sup>me</sup> du Gué lui écrit de Lyon que la jeune comtesse a été trouvée belle comme un ange ; qu'elle est charmée d'elle et contente de ses politesses. M<sup>me</sup> de Sévigné, plus ravie de ces succès que la comtesse elle-même, excédée de tant de fatigue, ne craint pas de flatter son amour-propre et lui écrit à Lyon : « Il « est vrai que la dignité de beauté où vous avez été élevée « n'est pas d'une petite fatigue. Si vous n'étiez point belle, « vous vous reposeriez : il faut choisir. Votre paresse me « fait peur ; ne la croyez pas sur ce choix ; il n'y a rien de « si aimable que d'être belle ; c'est un présent de Dieu qu'il « faut conserver. Vous savez comme j'aime votre beauté ; « mon amour-propre m'y fait prendre intérêt ; je vous la « recommande pour l'amour de moi. Il me semble qu'on « va me trouver bien habile en Provence d'avoir fait un si « joli visage, et si doux et si régulier. Vous êtes fâchée que « votre nez ne soit pas de travers, et moi, qui suis rangée, « j'en suis ravie. »

---

(1) A. Vachez. *Les deux voyages d'Abraham Golnitz dans le Forez et le Lyonnais au XVII siècle.*

M<sup>me</sup> de Grignan ne fait à Lyon qu'un court séjour et s'embarque sur le Rhône. Après les inquiétudes du voyage sur terre, sa mère lui fait part des tourments que lui cause le voyage sur le fleuve, « ce diantre, ce diable de Rhône, ce furieux Rhône, » comme elle l'appelle. Il lui inspire une peur étrange, une folle terreur et à la fin d'une lettre elle s'écrie : « Mon Dieu! le Rhône ! vous y êtes présentement. Je ne pense à autre chose. » Auprès du fleuve, la montagne de Tarare lui paraît en comparaison comme les pentes de Nemours. « Parlons des bords du Rhône, écrit-« elle, vous les trouvez beaux et ce fleuve n'est composé « que d'eau comme les autres. J'en suis surprise, j'en ai « une idée extraordinaire; il me semble qu'on devrait « dire :

« Mille sources de sang forment cette rivière,
« Qui, traînant des corps morts et de vieux ossements
« Au lieu de murmurer, fait des gémissements. »

Il paraît que ses craintes maternelles n'étaient pas tout à fait sans fondement. M. de Grignan, qui était venu au-devant de sa femme jusqu'à Avignon, s'embarqua avec elle sur le fleuve par un temps d'orage, et le bateau qui les portait jeté violemment sous une des arches du pont faillit se briser et s'engloutir avec ceux qu'il portait.

A la nouvelle de ce danger, M<sup>me</sup> de Sévigné exhale son effroi : « Ah! ma bonne, quelle peinture que l'état où vous « avez été, et que je vous aurais mal tenu ma parole, si je « vous avais promis de n'être point effrayée d'un si grand « péril. Mais il est impossible de se représenter votre vie « si proche de sa fin sans frémir. Ce Rhône, qui fait peur « à tout le monde, ce pont d'Avignon où l'on a tort de

« passer même après avoir pris toutes ses mesures! Un
« tourbillon de vent vous jette violemment sous une arche.
« Par quel miracle n'avez-vous pas été brisés et noyés dans
« un moment? Et M. de Grignan vous laisse embarquer
« pendant un orage; et quand vous êtes téméraire, il
« trouve plaisant de l'être encore plus que vous; au lieu
« de vous faire attendre que l'orage soit passé, il veut bien
« vous exposer. Ah! mon Dieu, qu'il eût été bien mieux
« d'être timide, et de vous dire que si vous n'aviez point
« de peur, il en avait lui, et de ne point souffrir que vous
« traversassiez le Rhône par un temps comme celui qu'il
« faisait! Que j'ai de peine à comprendre sa tendresse en
« cette occasion! Je ne soutiens pas cette pensée, j'en fris-
« sonne et je m'en suis réveillée avec des sursauts dont je
« ne suis pas la maîtresse. Trouvez-vous toujours que le
« Rhône ne soit que de l'eau? De bonne foi, n'avez-vous
« point été effrayée d'une mort si proche et si inévitable?
« Mais encore serais-je un peu consolée si cela vous ren-
« dait moins hasardeuse à l'avenir, et si une aventure
« comme celle-là vous faisait voir les dangers comme ils
« sont. Je vous prie de m'avouer ce qui vous en est resté;
« je crois du moins que vous aurez rendu grâce à Dieu
« de vous avoir sauvée. Pour moi, je suis persuadée que
« les messes que j'ai fait dire tous les jours pour vous ont
« fait ce miracle, et je suis plus obligée à Dieu de vous
« avoir conservée dans cette occasion que de m'avoir fait
« naître.     .     .     .     .     .     .     .     .     .     .     .     .     .

.     .     .     .     .     .     .     .     .     .     .     .     .     .     .     .     .

.     .     .     .     .     .     .     .     .     .     .     .     .     .     .     .     .

« Cette lettre vous paraîtra bien ridicule; vous la recevrez
« dans un temps où vous ne songerez plus au pont d'Avi-

« gnon. Faut-il que j'y pense moi, présentement ? C'est le
« malheur des commerces si éloignées ; il faut s'y résoudre.

. . . . . . . . . . . . . . .

. . . . . . . . . . . . . .

. . . . . . . . . . . . . .

« Je vous épargne mes éternels recommencements sur ce
« pont d'Avignon : je ne l'oublierai de ma vie. »

L'incident du pont d'Avignon fit le tour des salons et de
la Cour ; la mère transmet à sa fille, à ce sujet, les compliments des plus grands personnages, entre autres de l'évêque
de Condom, du grand Bossuet, qu'elle a fait transir sur le
récit de l'aventure.

M<sup>me</sup> de Sévigné quitta elle-même Paris le 13 juillet 1672,
dix-huit mois après sa fille, pour aller la rejoindre en Provence. Son voyage d'abord arrêté pour le mois d'avril, fut
retardé de trois mois, par la maladie et la mort de sa tante,
M<sup>me</sup> de la Trousse, qu'elle aimait tendrement et qu'elle ne
voulut pas quitter avant de lui avoir fermé les yeux. Ce
retard fortuit, en prolongeant la séparation de la mère et
de la fille et leur commerce par lettres, donna l'occasion
de voir le jour à plusieurs des morceaux les plus admirés
de la correspondance.

Le Roi venait de déclarer la guerre à la Hollande. Il
partit le 28 avril pour aller rejoindre l'armée qui avait à sa
tête Condé et Turenne, et dans ses rangs tout ce que la
noblesse de France comptait de plus illustre. M<sup>me</sup> de Sévigné, mêlée par ses relations à toutes ces familles, inquiète
elle-même pour son fils, officier dans l'armée avec le grade
de guidon des gendarmes du Dauphin, était très bien ren-
seignée sur ce qui se passait à la frontière et tenait sa
fille au courant dans ses lettres nombreuses à cette époque.

Elle fait le récit des événements jusqu'au fameux passage du Rhin, qui brisa d'un coup la résistance de l'ennemi et livra la Hollande tout entière à l'invasion. Elle raconte la mort du jeune comte de Saint-Paul, victime de sa folle témérité, le désespoir de sa mère, la duchesse de Longueville.

Mais en même temps elle n'oublie pas ce qui lui tient surtout au cœur, son projet de voyage qu'elle est impatiente de réaliser. Elle annonce qu'elle vient d'acheter un carrosse de campagne, qu'elle a levé pour bien de l'argent des étoffes chez Gautier, le marchand à la mode, pour se faire belle en Provence. Enfin le mercredi 13 juillet 1672, elle se met en route se dirigeant sur Lyon.

La marquise est trop grande dame pour voyager en voiture publique. Elle écrit un jour à sa fille qu'elle a vu passer la diligence : « On ne peut point languir dans une telle « voiture. Il vient un cahot qui vous culbute et l'on ne « sait pas où l'on en est. » Parfois son train d'équipage était considérable. Allant en Bretagne, elle raconte qu'elle voyage « à deux calèches, sept chevaux de carrosse, un « cheval de bât qui porte le lit, et trois ou quatre hommes « à cheval. Je serai dans ma calèche tirée de mes deux « bons chevaux ; l'autre aura quatre chevaux avec un pos- « tillon. » Sa voiture est solide : « Mes arcs sont forgés « de la propre main de Vulcain ; à moins de venir de la « fournaise ils n'auraient pas résisté à un troisième voyage « en Bretagne. » Pour aller en Provence elle n'a qu'un carrosse attelé de six chevaux, avec cinq voyageurs : la marquise, l'abbé de Coulanges, son oncle, l'abbé de la Mousse et deux femmes de chambre. L'étape en voiture est de dix à onze lieues par jour. On s'arrête le soir pour coucher dans des auberges peu confortables, où l'on risque de rencontrer des hôtes incommodes. Les compagnons de voyage de la marquise, moins braves qu'elle, hésitent à partir par crainte des punaises, des puces et des scorpions.

On traverse la Bourgogne. Le premier soir on couche à Essonne. Le voyage est long et triste. La marquise regrette la société de son cousin Emmanuel de Coulanges, le joyeux chansonnier : « Nous voyageons un peu gravement, écrit-« elle, nous n'avons point trouvé de lecture qui fût digne « de nous que Virgile, non pas travesti, mais dans toute la « majesté du latin et de l'italien. » Le sixième jour M^me de Sévigné arrive à Autun, où elle s'arrête au château de Montjeu, chez son ami le président Jeannin. Elle en repart cinq jours après, arrive le 23 juillet au soir à Chalon-sur-Saône, et s'embarque le lendemain dimanche sur la Saône, pour Lyon, où elle arrive le lundi 25 juillet, à 6 heures du soir. M. du Gué-Bagnols, intendant du roi à Lyon, père de M^me de Coulanges, l'amie et la cousine de M^me de Sévigné, l'attendait à l'arrivée du bateau avec sa femme et sa fille, et l'emmena souper.

Cependant elle ne prit pas son logement chez l'intendant, mais chez un chanoine, comte et chamarier du chapitre de Saint-Jean, Charles de Châteauneuf de Rochebonne, dont l'hôtel bien connu, construit au commencement du xvi^e siècle, par Antoine d'Estaing, doyen du Chapitre, en 1516, pour servir de logis aux chamariers, subsiste encore à l'angle de la rue Saint-Jean et de la rue de la Bombarde, au lieu dit anciennement le Porte-Froc, avec son fameux puits attribué à tort à Philibert Delorme, sa façade et son escalier qui offrent un mélange du style ogival et de celui de la Renaissance.

Charles de Châteauneuf de Rochebonne était l'oncle (2)
du marquis Charles-François de Rochebonne, seigneur de
Theizé et d'Oingt, commandant pour le roi dans les provinces de Lyonnais, Forez et Beaujolais, marié en 1668 à
Thérèse Adhémar de Monteil de Grignan, sœur du comte
de Grignan, le gendre de M^{me} de Sévigné. Le marquis et la
marquise de Rochebonne avaient leur logement dans
l'hôtel du chamarier, et c'est pour cela que cet hôtel servait
de gîte à leur belle-sœur M^{me} de Grignan, lorsqu'elle
séjournait à Lyon et aussi à sa mère, la marquise de Sévigné.
Dans une lettre du 16 août 1671, celle-ci se félicite d'avoir
encore une maison assurée à Lyon chez les Rochebonne,
outre celle de l'intendant du Gué-Bagnols, et elle écrit :
« J'aime déjà ce chamarier de Rochebonne. C'est une *bonne*
« *roche* que celle dont vous me dépeignez son âme ; c'est à
« M. de Grignan que j'adresse cette gentillesse, comme à
« celui qui m'y saura mieux correspondre. »
Arrivée à Lyon le lundi soir, M^{me} de Sévigné en repar
le vendredi suivant. Nous n'avons d'elle qu'une lettre datée
de Lyon, le mercredi 17 juillet. Elle y donne à sa fille ses

---

(2) La lettre datée de Lyon du 27 juillet 1672, dans l'édition de
1754 et dans les éditions postérieures, qualifie le chamarier de Saint-
Jean, qui reçut chez lui M^{me} de Sévigné, frère du marquis de Rochebonne ; tandis que dans les éditions de 1726 et 1734, la même lettre
le désigne comme son oncle. La version la plus ancienne est la seule
vraie. Le marquis de Rochebonne eut un oncle, Charles, mort en 1694,
un frère, Jean-Christophe, mort en 1710, et un fils, Charles-François,
plus tard archevêque de Lyon, qui furent successivement chamariers
du Chapitre de Saint-Jean. En 1672, son frère, Jean-Christophe,
n'avait que vingt-sept ans, et il n'y a pas de doute que c'était son
oncle Charles, qui occupait alors l'hôtel du chamarier. Il figure en
cette qualité à la réception du nonce, ~~en 1664~~ (V. Péricaud, *Notes et
Documents*).

impressions sur la personne de ses hôtes : « Le chamarier
« est un homme qui emporte le cœur : une facilité, une
« liberté dans l'esprit qui me convient et qui me charme. »
Mᵐᵉ de Rochebonne est le portrait vivant de son frère, le
comte de Grignan. « La ressemblance, écrit la marquise à
« sa fille, surprend au-delà de ce que j'ai vu. C'est M. de
« Grignan qui compose une très aimable femme. Elle
« vous adore. Je ne vous dirai pas combien je l'aime, et
« combien je comprends que vous devez l'aimer. »

Toute cette famille de Rochebonne jouissait d'une grande
considération dans le monde.

Mᵐᵉ de Sévigné fut l'objet de sa part et de la part des
du Gué-Bagnols de beaucoup d'attentions pendant les trois
jours qu'elle demeura à Lyon. Elle écrit à sa fille : « On
« me promène, on me montre. Je reçois mille amitiés. J'en
« suis honteuse. Je ne sais ce qu'on a à me tant estimer. »
Mᵐᵉ de Sévigné était alors âgée de 46 ans. Elle était dans
tout l'éclat de sa réputation de grande dame de la Cour, de
femme d'esprit et de vertu inattaquable. Ses amis de Lyon
se faisaient honneur d'elle, tout en lui faisant les honneurs
de leur ville. Du reste elle n'était pas une étrangère dans la
haute société lyonnaise. Le prévôt des marchands, en 1672,
était Jean Charrier, dont la mère fut une du Gué-Bagnols,
et la famille Charrier comptait plusieurs membres étroitement liés d'amitié avec la marquise de Sévigné, comme
nous verrons dans la suite.

Elle raconte qu'on lui a fait visiter « le cabinet de M. M***
« et ses antiquailles ». Il s'agit évidemment de la collection
d'objets d'art, de tableaux et d'antiquités réunie par l'italien
Ottavio Mey, dans sa maison de la montée des Capucins,
connue sous le nom de maison de Pilata, depuis qu'elle a
appartenu au propriétaire de ce nom, gendre d'Ottavio

Mey. D'autres voyageurs contemporains et des historiens, tels que Jouvin de Rochefort et Spon, ne manquent pas de signaler cette riche collection comme une des curiosités de la ville, ouvertes aux étrangers.

Il est moins facile de connaître le personnage désigné par la lettre initiale F..., prisonnier, que M^me de Sévigné dit avoir visité au château de Pierre-Encize. Ce ne peut être Fouquet, qu'il avait été un moment question d'enfermer dans cette forteresse, mais qui, depuis huit ans, était prisonnier à Pignerol (3). Il ne s'agit pas non plus de Lauzun, qui devait partager la captivité de Fouquet et ne fut enfermé à Pierre-Encize que quelques jours, lors de son passage à Lyon, peu de mois avant la visite dont parle M^me de Sévigné. C'est elle-même qui nous apprend ce détail dans une lettre du 23 décembre 1671. Mais voici une hypothèse. Vers cette époque, le château de Pierre-Encize comptait parmi ses prisonniers le marquis de Fresnes (4). Est-ce le mystérieux personnage de la lettre ? Claude de Guénégaud, dont la famille possédait les seigneuries du Plessis et de Fresnes, ancien trésorier de l'Épargne, fut mis à la Bastille en août 1668, comme complice de Fouquet; et le 24 septembre 1677, M^me de Sévigné, très liée avec les Guénégaud, écrit à sa fille : « Vous savez comme je suis pour les malheureux et à quel point je me tiens offensée de certaines injustices. Témoin M. de Fresnes. » Peut-être y a-t-il un rapport entre ce passage de la correspondance, le complice de Fouquet et le marquis de Fresnes, prisonnier au château de Pierre-Encize (5) ?

---

(3) Péricaud. *Notes et documents*, 21 janvier 1664.

(4) Péricaud, *Notes et Documents*, publications de 1687.

(5) *Lettres de M^me de Sévigné*, édition Régnier, t. I, p. 439. — Additions et corrections, p. 38 et 46.

C'était l'habitude de M^me de Sévigné de rester fidèle à ses amis dans le malheur. Elle ne craignit pas de braver de redoutables colères par son attitude lors du procès du surintendant, et plus tard, son parent et ami d'Harrouis, trésorier des États de Bretagne, mourant après elle dans les cachots de la Bastille, disait que si elle eût vécu, elle aurait été de celles dont il n'avait pas à craindre l'abandon. Pendant son court séjour à Lyon, la noble dame n'oublia personne et les fêtes données en son honneur ne l'empêchèrent pas de se souvenir du prisonnier de Pierre-Encize.

Après trois jours donnés à ses amis, M^me de Sévigné quitta Lyon, s'embarqua sur le Rhône le vendredi 29 juillet au matin, sur un bateau conduit par d'excellents patrons auxquels l'intendant l'avait recommandée comme une princesse et alla coucher à Valence. Le lendemain samedi, 30 juillet, à une heure après midi, elle arrivait au petit port de Robinet, à une lieue de Montélimar, où M^me de Grignan vint la prendre dans sa voiture. La mère et la fille séparées depuis un an et sept mois étaient enfin réunies.

La distance parcourue de Paris à Grignan avait été de 620 kilomètres. La marquise avait mis à faire ce trajet dix-sept jours, mais il convient d'en retrancher trois pour les séjours à Montjeu et à Lyon. Elle avait donc franchi en moyenne 67 kilomètres. La seconde partie du voyage, qui s'était faite par eau depuis Châlons, avait été beaucoup plus rapide que la première. Du reste, le voyage s'était accompli tout entier sans autre accident que la perte d'un des six chevaux de carrosse, survenue à Lyon et qu'elle raconte à sa fille dans la lettre datée de cette ville : « Mon « équipage est venu jusqu'ici sans aucun malheur ni sans « aucune incommodité : hier au soir, en menant abreuver

« mes chevaux, il s'en noya un, de sorte que je n'en ai
« plus que cinq ; je vous ferai honte, mais ce n'est pas ma
« faute. On me fait compliment sur cette perte, je la sou-
« tiens en grande âme. »

Le court séjour de M<sup>me</sup> de Sévigné à Lyon et le temps
passé dans la société de la marquise de Coulanges, avaient
encore resserré les liens d'intimité entre ces deux amies,
unies depuis longtemps à Paris par la communauté des
goûts, des habitudes et des rapports de société. Proche
parente du ministre Louvois, belle, spirituelle et très répan-
due dans le monde de la Cour, M<sup>me</sup> de Coulanges plaisait à
sa cousine par un penchant à la raillerie et à la médisance
auquel elle cédait, non par haine ou par envie du prochain,
mais en manière de passe-temps et pour exercer son esprit
en rapportant les nouvelles intéressantes sur ce qui se passait autour d'elle. Pendant les premières semaines qui suivirent la visite de la marquise de Sévigné, M<sup>me</sup> de Coulanges, restée à Lyon, lui écrit à Grignan trois lettres pleines
des nouvelles de cette ville, qui pouvaient l'intéresser. Elle
n'écrit point avec la grâce et le naturel de sa cousine, son
style est précieux. Mais ses lettres sont à retenir pour les
détails qu'elles contiennent sur un illustre personnage de
l'époque étroitement mêlé à l'histoire de notre ville. L'une
d'elles roule presque en entier sur le marquis François de
Villeroy, fils du maréchal gouverneur de Lyon, et lui-même
futur maréchal et gouverneur en survivance de son père.

Le marquis de Villeroy était alors en disgrâce à Lyon où
le roi l'avait exilé, en lui faisant défense de servir à l'armée
au cours de la glorieuse campagne de Hollande. Il n'assista
ni au passage du Rhin, ni à aucun des combats ou des
sièges qui suivirent. En vain, son père, le maréchal, avait

intercédé pour lui. Espérant faire fléchir, par un acte géné-
reux, la rigueur dont il était l'objet, le marquis de Villeroy
avait quitté Lyon furtivement et rejoint l'armée de l'électeur de Cologne, avec le désir de servir le roi au moins
dans l'armée de ses alliés.

M^me de Sévigné écrivait à sa fille le 6 juin : « Vous savez
« bien que le marquis de Villeroy a quitté Lyon et M^me de
« Coulanges, pour s'en aller, comme le chevalier des armes
« noires, dans l'armée de l'électeur de Cologne, voulant
« servir le roi au moins dans l'armée de ses alliés. Il y a
« plusieurs avis pour savoir s'il a bien ou mal fait. Le roi
« n'aime pas qu'on lui désobéisse ; peut-être aussi qu'il
« aimera cette ardeur martiale : le succès fera voir ce que
« l'on en doit juger. » Mais l'aventure ne tourna pas à la
gloire du marquis. Une lettre du 24 juin nous apprend que
le roi qui, avant tout, voulait être obéi, lui ordonna de
retourner à Lyon. Il fallait qu'il eût un grave sujet de mé-
contentement pour infliger un ordre si pénible en un pareil
moment à un gentilhomme, compagnon de son enfance,
l'un de ses courtisans les plus en faveur et qu'il connaissait
pour être aussi brave qu'ambitieux.

Le motif de la sévérité royale demeura secret, mais pas
assez cependant pour que la curiosité de M^me de Coulanges
ne réussît à en percer le mystère, qu'elle dévoile à mots
couverts dans une lettre à sa cousine de Sévigné. Le marquis de Villeroy très lancé dans les aventures galantes, avait
eu le tort de tenir des propos indiscrets chez la comtesse de
Soissons sur le compte d'un personnage haut placé de la
famille du ministre Louvois, ou peut-être sur le compte du
ministre lui-même. La parenté de M^me de Coulanges et du
ministre explique pourquoi elle était si bien au courant.

Exilé à Lyon pour ce fait, le marquis de Villeroy était doublement puni d'abord par l'inaction forcée qui l'empêchait de prendre sa part des glorieux exploits de l'armée, ensuite par l'éloignement d'une personne de la Cour, objet de sa passion, qui n'est désignée dans la lettre que sous le faux nom d'Alcine, et qui avait été l'occasion de cette parole imprudente si sévèrement punie.

M^me de Coulanges, qui comptait Villeroy au nombre de ses adorateurs, et l'appelait dans ses lettres *le Charmant*, se plaît malicieusement à conter sa disgrâce, à le montrer tantôt solitaire à Neuville, outré de tristesse, se livrant à la chasse qu'il hait mortellement, ne lisant plus ou ne sachant ce qu'il lit, refusant toute distraction et méprisant les femmes ; tantôt à Lyon, au milieu des plaisirs de Bellecour, et oubliant son Alcine dans le commerce de deux petites bourgeoises provinciales, dont elle se moque. L'une, M^me de Solu, mariée à un financier lyonnais, et dont la réputation de beauté s'est conservée dans les chroniques de l'époque, avait eu d'abord la préférence, puis avait dû céder la place à une autre, une M^me Carle, qu'elle avait elle-même, et chez elle, présentée à l'aimable marquis. Cette dernière et son mari étaient connus, eux aussi, dans le monde de la galanterie lyonnaise du xvii^e siècle, et ils ont eu ensemble les honneurs d'un article dans le *Dictionnaire des Précieuses*, de Somaize, dont un appendice tout entier est consacré aux précieuses de Lyon (6).

François de Villeroy, né à Lyon en 1644, avait 28 ans lorsqu'il fut le héros des bonnes fortunes que raconte la

---

(6) Walcknaer. *Mémoires sur M^me de Sévigné*, IV, ch. 8. — Péricaud. *Notes et documents*, 1664, p. 29; 1672, p. 2. — Somaize, *Dict. des Précieuses*, art. Cimachus.

marquise de Coulanges. Camarade de Louis XIV, beau, spirituel et fastueux, il avait eu part aux plaisirs de la joyeuse jeunesse du souverain et figuré avec lui dans les ballets royaux joués à Versailles. Tout cela ne constituait pas une préparation bien sérieuse aux grands commandements militaires qui devaient associer le nom du maréchal aux revers et aux tristesses de la fin du règne. Il n'y a pas à contredire au jugement de la postérité qui tient ce personnage pour le type du général courtisan et malheureux. Cependant il ne faudrait pas croire que la faveur aveugle du roi fût seule à le défendre contre le discrédit que tant d'échecs successifs lui avaient valu. Témoin ce curieux jugement de Boileau sur le rôle de Villeroy à la bataille de Ramillies. Le 5 juillet 1706, Boileau écrivait à l'avocat lyonnais Brossette : « On dit que vous allez bientôt avoir
« dans votre ville le fameux maréchal de Villeroy. Il y a
« beaucoup de gens qui lui donnent à dos sur sa dernière
« action et véritablement elle est malheureuse, mais je
« m'offre pourtant de faire voir quand on voudra que la
« bataille de Ramillies est toute semblable à la bataille de
« Pharsale et qu'ainsi, quand M. de Villéroy ne serait pas
« un César, il peut cependant fort bien demeurer un
« Pompée. » Peut-être Boileau n'a-t-il cédé qu'au désir de
« placer un bon mot (7).

Après le passage de M<sup>me</sup> de Sévigné à Lyon, M<sup>me</sup> de Coulanges eut d'abord le projet, qu'elle ne réalisa pas, d'aller à Grignan pour rendre à la mère et à la fille réunies les visites qu'elle en avait reçues à Lyon, et deux jours après le départ de son amie, elle lui écrit de cette ville

---

(7) *Correspondance de Boileau et Brossette*, p. 228.

« quelle ne désespère point du tout d'aller lui conter les
« plaisirs de Bellecour, où il y a tous les soirs des violons. »
Précisément cette même année 1672, un voyageur, Jouvin
de Rochefort, visitait Lyon, et voici le curieux tableau qu'il
donne de la place Bellecour dans ses récits de voyages
publiés sous le titre : *le Voyageur d'Europe* (8) : « La place
« Bellecour est la plus grande de Lyon et la plus divertis-
« sante. De là vient qu'on y voit ordinairement toute la
« noblesse et tout le peuple qui s'y rendent par bandes, car
« c'est où se tiennent des concerts, où se pratiquent toutes
« sortes d'honnestes galanteries, et où se voient mille beaux
« visages et mille personnes lestement vestues, sous les
« beaux ombrages de trois belles rangées d'arbres, qui vont
« de bout en bout de cette place, où elles forment deux
« larges allées, dont il y en a une qui sert de Mail long de
« cinq cents pas. Autant qu'il y a de maisons qui l'envi-
« ronnent, ce sont autant de palais qui regardent une belle
« verdure au milieu de cette place si unie, que de loin on la
« prendrait pour quelque tapis inventé par la mollesse
« turque. » Il n'y a presque rien à changer de nos jours à
ce tableau vieux de deux siècles, si ce n'est que le tapis de
verdure est remplacé aujourd'hui par un sol nu et aride.

Madame de Sévigné, arrivée en Provence dans les derniers
jours de juillet 1672, y séjourna quatorze mois et prit congé
de sa fille le 5 octobre 1673, pour revenir à Paris par Lyon
et la Bourgogne. Elle lui écrit ce jour même de Montélimar,
le lendemain de Valence et le mardi 10 octobre de Lyon, où
elle est encore reçue chez ses amis, le chamarier, le marquis
et la marquise de Rochebonne, dans leur hôtel du cloître
de Saint-Jean. Elle passe dans cette ville la journée du

---

(8) Jouvin. *Le Voyageur d'Europe.* T. I, p. 50.

mardi 10 octobre chez les religieuses de Sainte-Marie de la Visitation, qu'elle ne manquait jamais d'aller voir, en souvenir de M^me de Chantal, sa grand'mère, et leur fondatrice, chaque fois qu'elle traversait une ville possédant un couvent de l'ordre. Les religieuses de Sainte-Marie de la Visitation avaient à Lyon trois maisons. Celle du quartier de Bellecour, le premier monastère de la Visitation fondé en France en 1614, qui couvrait tout l'espace situé entre les rues Sala et Sainte-Hélène, depuis la rue Saint-Joseph à l'est, jusqu'au mur de clôture (9) à l'ouest, qui dernièrement encore séparait le couvent des religieuses de Sainte-Claire de l'ancienne maison des Jésuites; le couvent de l'Antiquaille; et enfin le couvent de Sainte-Marie des Chaînes, situé sur le quai de Serin, au point où la Saône était barrée la nuit à l'entrée de la ville. Ce fut sans doute le monastère de Bellecour où mourut saint François de Salles, le 16 décembre 1622, et où l'on conservait son cœur, que M^me de Sévigné visita lors de son second passage à Lyon. En effet, dans sa lettre du 11 octobre, écrite le jour de son départ, à la première étape, elle dit avoir vu à Lyon des tableaux admirables. Or, il y avait dans l'église de la Visitation de Bellecour de belles peintures, notamment au-dessus du maître-autel, un tableau représentant l'histoire de la Visitation de Notre-Dame, par Charles Lagon, peintre angevin, comme nous l'apprend Debombourg, dans ses recherches sur *les tableaux des églises de Lyon en 1675.*

Dans cette même lettre, M^me de Sévigné blâme son gendre de n'avoir pas accepté une peinture qu'elle a vue chez l'archevêque de Vienne, Henri de Villars, que celui-ci voulut donner à M. de Grignan. « C'est le plus joli

---

(9) A. Steyert. *Echo de Fourvière*, 2 février 1889.

« tableau, dit-elle, et le plus décevant qu'on puisse voir, » à
cause, paraît-il, d'un effet de perspective très bien rendu.
Le comte de Grignan était amateur d'objets d'art. Il mettait
de grosses sommes à satisfaire son goût, et sa prévoyante
belle-mère lui reprochait parfois en termes assez vifs, ses
folies et ses prodigalités. Pour une fois, elle regrette qu'il
n'ait pas voulu augmenter sa collection, sans qu'il lui en
coûtât rien. Sans doute ce qui semblait une bonne affaire à
l'économie de la marquise, n'avait paru qu'une mauvaise
acquisition au goût éclairé du collectionneur, moins sou-
cieux de son argent que de la qualité de ses tableaux.

M<sup>me</sup> de Sévigné partit de Lyon le 11 octobre 1673,
accompagnée de toute la famille de Rochebonne. « Je suis
« partie, dit-elle, à 8 heures de Lyon, entourée de tous les
« Rochebonne, que j'aime et que j'estime fort. M. de
« Rochebonne s'en va dans ses terres (au château de
« Theizé), pour donner ordre à ses affaires ; il veut être
« prêt pour la guerre en cas d'alarme. » On était, en effet,
à la veille d'une coalition de l'Allemagne, de l'Angleterre
et de l'Espagne alarmées des prétentions de la France après
l'écrasement de la Hollande. Le 15 octobre, l'Espagne
déclarait la guerre, et Louis XIV ne tardait pas à se
repentir, après la perte d'une partie de ses premiers avan-
tages, d'avoir cédé aux avis et aux exigences de son ministre
Louvois, en continuant la guerre.

Le soir même de son départ de Lyon, arrivée au premier
gîte, la marquise écrit à sa fille et date ainsi sa lettre :
« D'un petit chien de village, à six lieues de Lyon, mer-
« credi au soir, 11<sup>e</sup> octobre. » Quel est ce petit village
situé à six lieues de Lyon, sur la route suivie par les voyageurs allant de cette ville à Paris ? M. Walckenaer, dans ses
*Mémoires*, et après lui tous les commentateurs des lettres

de M<sup>me</sup> de Sévigné, estiment que ce doit être la ville d'Anse, sur la route de Paris. La même indication est donnée par l'éditeur des lettres de la collection des grands écrivains de France. M. Péricaud, dans ses *Notes et Documents*, veut que ce soit Bagnols près du Bois-d'Oingt, où l'on montre encore dans le château de ce village, la chambre où coucha, dit-on, M<sup>me</sup> de Sévigné. Or, il résulte de la lettre même, dont voici le commencement, que c'est là une double erreur, et que le petit village en question ne peut être ni Anse ni Bagnols : « Me voici arrivée, ma fille, dans un lieu « qui me ferait triste quand je ne le serais pas ; il n'y a rien, « c'est un désert. Je me suis égarée dans les champs pour « chercher l'église ; j'ai trouvé un curé un peu sauvage, et « un commis qui connaît M. l'abbé, et qui m'a promis de « vous faire tenir cette lettre. Chamarande est à une lieue « d'ici ; il est seigneur de cinq ou six paroisses ; il attend « le retour du roi. »

Ce Chamarande (10), dont les terres sont à une lieue du petit village d'où la lettre est datée, est un personnage de la Cour de Louis XIV, Clair-Gilbert d'Ornayson, seigneur de Chamarande en Champagne, mort en 1699, suivant Saint-Simon universellement estimé, considéré et regretté, demeurant à la Cour et recevant chez lui la plus illustre compagnie. Saint-Simon rapporte que lorsque son père le présenta au Roi et ensuite à ce qu'il y avait de plus principal à la Cour, il le mena voir Chamarande. Clair-Gilbert d'Ornayson de Chamarande, avait épousé Marie-Anne de Trellon, d'une famille de Lyon, qui lui apporta en dot

---

(10) De la Chésnaie-des-Bois. *Art.* Ornaison-Chamarande. — Gordon de Ginoulhiac. *Dictionnaire des fiefs.* V° Chamarande. — Révérend du Mesnil. *Armorial de l'Ain*, p. 487. — Jules Baux. *Nobiliaire de la Bresse et des Dombes*, pp. 178, 180, 227.

de riches domaines dans les Dombes. Il était comte de la Bâtie et seigneur haut justicier dans les paroisses de Montceau, Chaneins, Genoulieux, Guerins, Mognenins, Saint-Trivier, Montmerle, Messimy, Lurcy et Villeneuve, pour lesquelles il rendit hommage en 1675. La château de la Bâtie, sur le territoire de Montceau, était sa résidence. La Bâtie passa, au commencement du xviii<sup>e</sup> siècle, aux de la Tour-Vidaud, et appartient aujourd'hui à la famille de Chabannes.

Ces détails peuvent servir à déterminer le lieu où M<sup>me</sup> de Sévigné a écrit sa lettre du 11 octobre 1673. Ce ne peut être Anse, parce que, si cette ville est à peu près à six lieues de Lyon, distance marquée dans la lettre, elle est à cinq lieues en ligne droite du château de la Bâtie où résidait d'Ornayson de Chamarande et sur la rive droite de la Saône, tandis que la Bâtie est sur la rive gauche; or, la marquise s'en disait éloignée d'une lieue seulement. De plus, Anse est située sur la route de terre, et M<sup>me</sup> de Sévigné qui voyageait avec ses chevaux, ne manquait jamais, afin de les ménager, de franchir en bateaux, avec tout son équipage, la distance de Lyon à Chalon. C'est donc sur le bord de la Saône, et sur la rive gauche, dans le voisinage de la seigneurie de la Bâtie, que doit être cherché le lieu où la marquise se trouvait dans la soirée du 11 octobre 1673. La diligence d'eau faisant le service public des voyageurs qui remontaient la Saône, avait un premier arrêt à Riottier, sur la rive gauche. Riottier est à six lieues de Lyon et méritait bien d'être appelé *un petit chien de village*. Il se composait de quelques pauvres maisons, d'une hôtellerie au bord de l'eau, dont le vieux bâtiment subsiste encore, et d'une tour à créneaux dominant le cours de la rivière. Il n'y a jamais eu d'église à Riottier, mais sur le territoire voisin

de Jassans. Aussi M^me de Sévigné peut-elle dire : « Il n'y a
« rien ; c'est un désert. Je me suis égarée dans les champs
« pour chercher l'église. » Tout cela ne peut convenir à
Anse, ville fortifiée, centre de population d'une toute autre
importance. Il est vrai que la lettre dit : « Chamarande est
« à une lieue d'ici, » tandis qu'il y a deux lieues et demie de
Riottier au château de la Bâtie. Mais M^me de Sévigné pouvait à
Riottier se croire dans le voisinage très proche de son ami,
parce que les terres dont il était seigneur venaient presque
jusque-là. La paroisse de Villeneuve, comprise dans le comté
de la Bâtie, confinait au territoire de Riottier, situé en
Franc Lyonnais. Il est donc probable que les commentateurs
des lettres de M^me de Sévigné se trompent lors qu'ils lui font
dater d'Anse sa lettre du 11 octobre 1673.

Quant à Bagnols, il n'y faut même pas penser. Ce
village n'est ni sur la route de Paris ni dans le voisinage
de la Bâtie. Nous verrons bientôt ce qu'il faut croire de la
tradition relative à un séjour de M^me de Sévigné au château
de Bagnols.

M^me de Sévigné arriva à Paris le 1^er novembre 1673,
après un arrêt de dix jours en Bourgogne dans sa terre de
Bourbilly près de Semur, et au château d'Époisses, chez
ses amis le comte et la comtesse de Guitaut. Elle demeura
ensuite dix-sept ans sans retourner en Provence et ne revit
Lyon qu'en 1690.

Dans cet intervalle sa fille vint à Paris quatre fois et
séjourna toujours à Lyon à l'aller et au retour.

En septembre 1679, M^me de Grignan est à Lyon, venant
de Paris, qu'elle a quitté le 13, logée chez sa belle-sœur de
Rochebonne. Sa mère, toujours inquiète à l'excès de tout
ce qui peut être pour elle une cause de fatigue, lui écrit le
18 : « Vous voilà à Lyon ; il me semble, ma fille, que vous

« parlez bien haut et que tout cela vous achemine à la bise
« de Grignan, et que ce pauvre sang, déjà si subtil, est agité
« de cette sorte. » Il paraît que M^me de Rochebonne était
très sourde, ce que nous apprend une lettre de la marquise
du 4 octobre 1677.

Elle écrit encore le 27 septembre, en réponse au récit
des divers incidents du voyage : « Je vous vis arriver ven-
« dredi à Lyon : je n'avais pas vu la friponnerie de vous
« attacher à un grand bateau pour vous faire aller douce-
« ment et épargner les chevaux; mais j'avais vu tous les
« compliments de Châlon; j'avais vu le beau temps qui
« vous a accompagnée jusque-là, le soleil et la lune faisant
« leur devoir à l'envi; j'avais vu votre chambre chez M^me de
« Rochebonne, mais je ne savais pas qu'elle eût une si belle
« vue. » Sur ce dernier point, on partagera l'étonnement
de la marquise, si l'on se rappelle que l'hôtel de Rochebonne était à l'entrée du cloître de Saint-Jean, dans la rue
Porte-Froc.

A l'occasion de ce même voyage, la mère et la fille se
moquent assez méchamment de la vanité un peu ridicule,
il est vrai, de M^me de Coulanges et de sa sœur, M^me de
Bagnols, qui se vantaient à Lyon, pour se faire valoir, des
relations qu'elles avaient à Paris. M^me de Sévigné écrit à sa
fille, le 6 octobre : « Vous me faites rire des vanités des
« deux sœurs, et que l'aînée ne néglige pas de nommer
« dans ses lettres à Lyon, tous les noms dont elle s'honore
« ici; l'autre est aimable de dire qu'on la presse d'aller à
« Chantilly; la vanité est plaisante; imaginez-vous que la
« pensée de ce voyage a duré un moment dans la tête de
« M. de La Rochefoucauld; il me le dit en l'air; je le redis
« à ces femmes ici; on n'en a pas redit un seul mot; on
« jette son bonnet par-dessus les moulins, et voilà ce qu'elle

« appelle une partie dont on la tourmente ; ah ! il est vrai,
« nous eussions eu bien de la peine à la débaucher. Il y a
« des styles à quoi je ne me puis accoutumer. »

Lors de son retour en Provence, en 1688, par la route
de la Bourgogne, qu'elle choisissait de préférence pour évi-
ter, en naviguant sur la Saône depuis Châlon, un trop long
voyage sur les routes de terre, la comtesse de Grignan fit
un détour pour visiter, dans son château de Theizé en Lyonnais, sa belle-sœur, la marquise de Rochebonne. Sa mère
lui écrit, le 20 octobre 1688 : « Nous avons vos lettres de
« Teizé : vous nous en faites une aimable peinture. On ne
« croirait pas trouver tant de politesse sur le haut d'une
« montagne ; la maîtresse du logis est toujours noble, jolie
« et digne d'être aimée. » Mᵐᵉ de Grignan avait déjà fait
un séjour à Theizé en juin 1677.

Les seigneuries de Theizé et Oingt échurent à la famille
de Châteauneuf-Rochebonne en 1577, par le testament de
dame Huguette de Fougères, première femme de Pierre de
Châteauneuf-Rochebonne, au profit de son mari. Une fon-
taine rappelle encore, sur la place de Theizé, la mémoire
de Huguette de Fougères. Son père, Claude de Fougères,
tué à la bataille de Cérisolles en 1544, fit construire, vers
1531, le chœur de l'église de Theizé et celui de l'église
actuelle d'Oingt, qui est l'ancienne chapelle de la forteresse.
Dans cette dernière église, les traits du brave chevalier,
ceux de sa femme, de son jeune fils et de plusieurs autres
membres de sa famille sont reproduits gravés sur la pierre,
à la base des cintres qui supportent la voûte du chœur.

L'arrière-petit-fils de Pierre de Châteauneuf-Rochebonne
fut Charles-François de Châteauneuf, marquis de Rochebonne, maistre de camp du régiment de cavalerie de la
Reine, commandant pour le Roi dans les provinces de

Lyonnais, Forez et Beaujolais, marié à Thérèse Adhémar de Monteil de Grignan et beau-frère, par conséquent, de la comtesse de Grignan. Charles-François de Châteauneuf était presque toujours tenu éloigné de sa résidence par les devoirs de ses fonctions publiques et sa femme le remplaçait dans l'administration de ses vastes domaines. C'est d'elle que M^me de Sévigné dit, dans sa lettre du 20 octobre 1688, que la maîtresse du logis est toujours noble, jolie et digne d'être aimée. C'est d'elle que nous trouvons cet éloge dans *le Mercure galant* d'avril 1703 : « M^me de Rochebonne a tous les mérites du monde, c'est une dame d'une vertu édifiante, qui connaît parfaitement les devoirs de son état dans l'observation desquels elle se complaît. » Elle avait pour maître d'hôtel Pierre Garnier. François Merle, docteur en théologie, était à la fois son aumônier et le précepteur de ses nombreux enfants. Ses cinq filles entrèrent en religion et de ses quatre fils, l'un, Charles-François, fut archevêque de Lyon de 1731 à 1740; un autre, chevalier de Malte, périt en 1701 avec son vaisseau coulé bas par les Turcs; enfin, l'aîné fut tué en 1709 à la bataille de Malplaquet, à la tête du régiment de Villeroy qu'il commandait.

Charles-François de Rochebonne, archevêque de Lyon, survécut seul, dernier représentant de la famille et possesseur des seigneuries d'Oingt et de Theizé. C'est lui qui fit construire, vers 1720, le château actuel de Theizé. A la mort de son frère, tué à Malplaquet, dernier espoir de la famille, il était à peine entré dans les ordres, mais pourtant déjà assez pour que son père ne pût pas le faire relever de ses vœux.

Après lui, les seigneuries d'Oingt et de Theizé passèrent, en 1740, à Jean-Antoine Rique, écuyer, secrétaire du Roi, qui les céda, par testament du 17 avril 1778, à Jean-Baptiste de Nervo, chevalier et ancien conseiller à la

Cour des Monnaies de Lyon. Ce dernier les possédait encore en 1789.

Dans l'aveu et dénombrement de la vicomté d'Oingt, Sainte-Paule, Moiré et Theizé, donné le 1er octobre 1779, par J.-B. de Nervo, le château de Theizé, se trouve ainsi désigné : « Le château de Theizé, flanqué de deux grosses tours rondes avec ses dépendances, qui consistent en une grande cour sur le devant et une sur le derrière, avec parterre, vieux cavier et grenier, pièce d'eau lavoir, un petit jardin, pigeonnier, terrasse, une grande cave et fenière, maison de vigneron, cour, loge, son grand jardin-verger, contenant environ 26 bicherées, joignant le chemin tendant de Theizé à Villefranche, d'orient. »

Mais le château ainsi décrit et qui subsiste encore, n'est pas celui dont il est question dans les lettres de M^me de Sévigné. Il ne fut construit que vers 1720, par Charles-François de Rochebonne, archevêque de Lyon. Auparavant, les Rochebonne avaient leur résidence au château du Sarroux, sur le territoire de Theizé, ainsi qu'en témoignent plusieurs documents possédés par M. Auguste Bedin, à l'obligeance de qui nous devons tous ces détails sur les Rochebonne et leurs seigneuries d'Oingt et de Theizé.

Il est plusieurs fois question dans le dénombrement donné en 1779 par J.-B. de Nervo, du château du Sarroux, qui existait encore à cette époque et dont il ne reste presque rien aujourd'hui. C'est sans doute au château du Sarroux, situé plus bas que le village et le château actuel de Theizé, que résidait la marquise de Rochebonne, belle-sœur de M^me de Grignan ; c'est là que la fille de M^me de

Sévigné a séjourné en 1677 et 1688 ; c'est de là qu'elle a écrit plusieurs lettres à sa mère (11). Le 6 novembre 1675, M<sup>me</sup> de Sévigné écrit des Rochers : « M. de Coulanges a vu la pauvre Rochebonne dans le plus triste château de France, elle fait pitié. »

Dans une lettre du 28 mars 1689, M<sup>me</sup> de Sévigné se plaint de la douane de Lyon qui était une entrave pour les envois qu'elle avait à faire à sa fille : « Tout le monde, dit-« elle, se plaint si fort de la douane de Lyon, qu'on ne « veut plus de cette voie. M<sup>me</sup> de Bagnols en fait grand « bruit et le désordre pourra y apporter un ordre. » La douane de Lyon, faisait partie des privilèges extraordi-naires destinés à favoriser le commerce et les foires de cette ville et confirmés par de nombreux édits royaux Elle prélevait sur certaines marchandises, surtout sur les draps d'or, d'argent et de soie des droits dits d'imposition foraine, domaine forain et haut passage. Ces droits fixés à 2 1/2 pour cent par le tarif de 1632, étaient dus à l'entrée de la ville, même sur les marchandises originaires du royaume, qui descendaient par le Rhône et la Saône en destination de la Provence et du Dauphiné (12).

Dans une lettre du 11 septembre 1678, M<sup>me</sup> de Sévigné a déjà donné des détails intéressants sur la douane de Lyon.

Il s'agissait alors d'un envoi de ballots contenant la cor-beille de mariage de la fiancée de M. de la Garde, parent

---

(11) Archives de M. A. Bedin. — Sur la famille de Châteauneuf-Rochebonne. Voy. *Mercure Galant*, avril 1703, mars 1710. — De Charpin-Feugerolles et Morel de Voleine. *Recueil de documents pour servir à l'histoire de l'ancien gouvernement de Lyon.*

(12) Guyot, *Répertoire de jurisprudence*, v° douane.

et proche voisin des Grignan. Parmi les objets envoyés, il y avait entre autres une fameuse perruque, une merveille qui excite la verve de la marquise. Celle-ci annonce à sa fille l'expédition : « Je passai mercredi chez la d'Escars : je « mourais d'envie de voir la perruque, mais elle était « emballée. Elle m'assura que c'était la plus belle chose « du monde, la plus vive, la plus décevante, la plus natu- « relle, la plus parlante, la plus jeune, la plus ondoyante, « la plus blonde, la plus surprenante, et que pourvu que « Montgobert (la femme de chambre de M^me de Grignan) « y voulut seulement passer les doigts, elle serait aussi « bien après le voyage qu'en partant de Paris. Mais cette « bonne d'Escars était bien en colère contre la douane ; il « en coûte plus de cent francs ! Et pourtant, elle a sur la « conscience d'avoir fraudé la gabelle de plus de la moitié, « c'est une chose cruelle que cette sujétion. » Cent francs de droit sur une perruque, dont on n'a déclaré que la moitié de la valeur, c'est plus que n'oseraient rêver les partisans du régime le plus protecteur. Mais il est à croire que le droit de cent francs avait été perçu sur l'envoi tout entier, dont la valeur était de 300 louis d'or et qui conte- nait « un très beau manteau, une belle jupe, de la toile « d'or et d'argent pour une toilette et de quoi faire un « corps de jupe ; la dentelle pour la toilette ; une petite « pour les sachets et pour les coiffes noires ; les souliers, « la perruque, les rubans, le tout admirablement beau. »

Le 3 octobre 1690, M^me de Sévigné partit de son château des Rochers, près Vitré en Bretagne, et se rendit d'un trait et sans passer par Paris, jusqu'à Lyon, et de là à Grignan, où elle arriva le 24 octobre, après avoir parcouru en 21 jours une distance de 200 lieues qu'elle fit en litière, puis en bateau sur la Loire et sur le Rhône. Elle avait eu déjà, en d'autres temps, l'idée de ce long voyage autrement pénible que le trajet direct de Paris à Lyon. La crainte de fatigues excessives l'en avait détournée, et en 1671, elle écrivait de Bretagne à sa fille : « La Bretagne et la Provence « ne sont pas compatibles. C'est une chose étrange que les « grands voyages ! si l'on était toujours dans le sentiment « qu'on a quand on arrive, on ne sortirait jamais du lieu « où l'on est. Mais la Providence veut qu'on oublie. C'est « la même chose qui sert aux femmes qui sont accouchées ; « Dieu permet cet oubli afin que le monde ne finisse pas et « que l'on fasse des voyages en Provence. » Il paraît qu'en 1690 M<sup>me</sup> de Sévigné avait oublié ; le voyage de Vitré à Lyon ne l'effrayait plus, et à peine arrivée, elle écrivait, toute à la joie de revoir ses chers Grignan : « J'ai trouvé en arri- « vant que je n'étais pas même venue assez tôt ni d'assez « loin. »

Elle avait eu avec elle pendant le voyage, comme compa- gnon de route, un lyonnais, l'abbé Charrier, dont le nom revient souvent sous sa plume dans les lettres de cette époque. L'abbé Guillaume Charrier appartenait à la famille noble de ce nom, originaire d'Auvergne, dont la branche princi- pale établie à Lyon, posséda des terres considérables, notamment le superbe château de la Roche à Jullié en Beaujolais, des offices et des dignités dans l'église et la magistrature (13). Il était fils de Gaspard Charrier de la Rochette, prévôt des marchands en 1664 et 1665, con- seiller du Roi, assesseur criminel à la sénéchaussée et au

---

(13) *Recueil des lettres de relief* de MM. Charrier (cat. Coste n° 17,380). De la Chesnaie des Bois. *Art.* Charrier. — De Charpin-Feugerolles, et Morel de Voleine. *Recueil de documents pour servir à l'histoire de l'ancien gouvernement de Lyon.*

siège présidial de Lyon, que l'amitié unissait déjà à la marquise de Sévigné. L'abbé Guillaume Charrier mourut au château de la Roche, le 14 septembre 1717.

Il est souvent question dans les mémoires du cardinal de Retz, d'un abbé Charrier, son ami et secrétaire, qui l'accompagna à Rome et l'assista au conclave de 1655. Au dire de Retz, l'abbé Charrier était mieux intentionné et plus échauffé pour lui que lui-même. Il était abbé de Notre-Dame de Chaâge de Meaux et grand obéancier de Saint-Just, de Lyon. En 1634, il remplissait l'office de conseiller et aumônier de Monsieur, frère du Roi. Cet abbé Charrier que l'on a confondu parfois avec l'abbé Guillaume Charrier, l'ami de Mᵐᵉ de Sévigné, était son oncle. Ses relations avec Gaston d'Orléans, frère de Louis XIII, dont il était aumônier, le mêlèrent aux partisans de la Fronde et expliquent sa liaison avec le cardinal de Retz et aussi les rapports de Mᵐᵉ de Sévigné avec plusieurs membres de la famille lyonnaise des Charrier. Cette famille était si nombreuse que la grand'mère de l'abbé Guillaume Charrier, Gabrielle du Four, testant le 14 juin 1666 (14), remercie Dieu au début de son testament de ce qu'il a prolongé sa vie et comblé sa famille assez, pour qu'elle puisse laisser 181 enfants et petits-enfants jusqu'à la 5ᵉ génération.

Il n'est donc pas étonnant qu'il se soit fait quelque confusion entre les membres d'une telle famille. Ainsi, Ménestrier raconte que le cardinal de Retz serait venu, après s'être échappé de prison en 1654, se cacher pendant quelque temps dans la maison de son ami située près de Lyon. Évidemment, ce fait ne se rapporte pas à l'abbé Guillaume

---

(14) Puitspelu. *Vieilleries Lyonnaises*, p. 199.

Charrier, mais à son oncle, l'ami du cardinal. Du reste, ce fait est sans doute inexact, car après son évasion du château de Nantes, en août 1653, Retz gagna Belle-Isle et de là, par mer, les côtes d'Espagne et ensuite l'Italie. Il ne vint donc pas à Lyon. Mais c'est au contraire de l'abbé Guillaume Charrier qu'il est question dans un pamphlet de Sénecé contre le cardinal de Retz, où cet auteur prétend que les *Mémoires* du cardinal ne sont pas entièrement de sa main et que l'abbé Charrier a collaboré à leur composition. Un fait plus vraisemblable, c'est que l'abbé Guillaume Charrier serait l'auteur de l'*Abrégé de la vie du cardinal de Retz*, placé en tête de l'édition des *Mémoires*, imprimée à Lyon (15). Les relations étroites qui unissaient l'oncle au cardinal, ont pu mettre entre les mains du neveu assez de renseignements, sinon pour écrire les *Mémoires*, au moins pour composer une biographie.

Guillaume Charrier était abbé de Sainte-Croix de Kimperlay en Bretagne, où il résidait. Cette situation lui permit de rendre des services à Mⁿᵉ de Sévigné pour l'administration des biens qu'elle possédait en Basse-Bretagne. La marquise se gênait si peu avec cet ami, que dans une circonstance où il avait eu le malheur de déplaire à sa fille, crime impardonnable à ses yeux, elle le traite irrévérencieusement de grand benêt, de sauvage à simple tonsure, de pauvre abbé dont l'éducation est un peu de province (16). En octobre 1690, l'abbé Charrier devait se rendre de Bretagne à Lyon auprès de sa famille. Mⁿᵉ de Sévigné, qui avait passé l'été dans son château des Rochers et ne voulait pas

---

(15) *Mémoires du cardinal de Retz*, éd. Régnier, t. I, p. 25 de la notice, note.

(16) Édition Capmas, t. II, p. 263.

retourner cette année-là à Paris, dont le séjour trop dis-
pendieux l'effrayait, éprouvée par des embarras d'argent
passagers, inquiète de l'excessive dépense de son gendre
dans son gouvernement, résolut de faire des économies, de
profiter de l'occasion et d'affronter, en compagnie de l'abbé
Charrier, un si long voyage d'un bout de la France à l'autre
pour fuir Paris et aller passer en Provence l'hiver de 1691.
« Je n'irai point à Paris, écrit-elle le 19 avril 1690. Je mé-
« dite de loin et j'en ai parlé à l'abbé Charrier, qui sera
« alors à Lyon, de m'en aller dans la fin de septembre, en
« litière, faire le trajet de Vitré à Grignan, y passer l'hiver
« avec vous, ma chère bonne, et sur la fin de l'été, m'en
« retourner avec vous à Paris, ou peut-être avant vous,
« pour me redonner comme une femme qui n'est ni fugi-
« tive, ni poursuivie, mais qui a donné ordre à ses affaires. »
Ce projet ne souriait pas à M^me de Grignan, qui aurait
voulu que sa mère revînt des Rochers à Paris, où elle dési-
rait se rendre elle-même et où elle l'aurait rencontrée. De
là, un échange de lettres où se montre, comme en d'autres
endroits de la correspondance, le caractère égoïste et peu
aimable de la comtesse de Grignan. Mais sa mère clôt le
débat en lui écrivant, le 17 septembre : « Ma bonne, vous
« vous fâchez contre moi ; vous appelez mes lettres chiennes ;
« vous dites que j'ai pris de travers ce que vous m'avez
« mandé : nous traiterons cette affaire à Grignan, huit jours
« après la Toussaint, s'il plaît à Dieu. »
« ..... Si vous m'aviez vu faire mes marchés de litière et
« de voituriers, vous ne croiriez pas que je manque de
« courage... »
M^me de Sévigné quitta les Rochers le mardi 3 octobre
1690, coucha le premier jour à Laval, puis à Sablé, au Lude
et à Tours, d'où elle écrit : « Me voici, ma chère enfant,

« en parfaite santé, fort contente de la litière : cela passe
« partout, on ne craint rien. On dit que cette voiture est
« triste : je la trouve bien gaie quand on n'a pas peur. »

Elle arrive à Lyon le 19 octobre et écrit le même jour :
« Je suis arrivée à midi, ma chère bonne, avec mon ami,
« l'abbé Charrier, qui m'a été d'un secours en toutes ma-
« nières dans une route que je ne connais pas, que vous
« pouvez aisément vous représenter. » A Lyon, la marquise de Sévigné n'est pas reçue, cette fois, dans la famille
de Rochebonne, ses hôtes habituels, sans doute, parce que
la marquise de Rochebonne était absente. Une lettre du
27 août nous apprend qu'elle était, à cette date, au château
de Grignan, chez son frère. Ce fut la mère de l'abbé Charrier, Antoinette Liotaud, son père, Gaspard Charrier, étant
mort depuis peu, qui logea M<sup>me</sup> de Sévigné dans son
hôtel (17). La marquise n'y paraît pas à son aise car elle
écrit : « Je suis descendue chez M<sup>me</sup> Charrier, qui m'a
« donné un grand dîner et me fait une chère qui
« m'embarrasse, et encore plus de ne pouvoir parler de
« son mari, ni le regretter : nous en parlons tout bas, l'abbé
« et moi. »

« Je me porte si parfaitement bien, que j'en suis surprise
« moi-même ; je ne suis point du tout fatiguée, et je ne
« souhaite que de m'embarquer samedi ou dimanche. »

La marquise écrivait cela le soir de son arrivée à Lyon,
après un voyage de dix-sept jours.

Après trois jours passés à Lyon, M<sup>me</sup> de Sévigné en repart
le lundi 22 octobre pour la Provence, où elle demeure

---

(17). L'hôtel Charrier qui existe encore au n° 8 de la rue Boissac,
passa au XVIII<sup>e</sup> siècle aux de Monspey, par une alliance entre les deux
familles. Voir Almanach de Lyon, 1761, p. 86.

les derniers mois de l'année 1690 et toute l'année suivante. Vers la fin de 1691, elle passe encore à Lyon, lors de son retour à Paris, qu'elle avait quitté depuis près de trois ans et où elle arrive avec sa fille, son gendre et sa petite-fille Pauline dans les derniers jours du mois de décembre.

Ce serait au cours de l'un de ses deux voyages, de 1690 ou 1691, que la marquise de Sévigné aurait pu faire un séjour dans le Lyonnais, au château de Bagnols, chez l'intendant du Gué-Bagnols, père de M<sup>me</sup> Emmanuel de Coulanges. Il n'y a pas trace de ce séjour dans aucune partie de la correspondance. Mais une tradition religieusement conservée au château de Bagnols, propriété actuelle de M. du Chevalard, en a gardé le souvenir, et l'on y montre aux visiteurs la chambre démeublée, mais encore dans son ancien état, de la marquise de Sévigné. Le château de Bagnols, situé à une demi-lieue du Bois-d'Oingt, sur la route de Tarare à Villefranche, dominant la vallée d'Azergues, a eu le rare bonheur de ne subir jusqu'à ce jour ni démolition, ni restauration, si ce n'est qu'il a été découronné de ses tours ramenées au niveau du toit. Le corps de bâtiment construit en carré avec cour intérieure, l'enceinte des fossés, les vastes appartements avec leurs boiseries et leurs fermetures anciennes, la belle salle d'honneur avec sa cheminée monumentale, tout cet ensemble intact et bien conservé, aide puissamment l'imagination à se représenter l'arrivée de la marquise de Sévigné dans cette noble demeure, son carrosse roulant lourdement sur le vieux pavé, franchissant le pont-levis et l'antique porte voûtée, et s'arrêtant au bas de l'escalier dans la cour intérieure, près du vieux puits qui conserve encore sa garniture de fer. Mais, sans doute, tout cela n'est qu'un rêve, car il est remarquable que la voyageuse, qui note soigneusement les étapes et les visites à ses amis, surtout lorsqu'elle dut pour les faire, comme à Bagnols, s'écarter de sa route, ne parle nulle part de celle-là. En tout cas, si, comme le rapporte la tradition locale, elle a visité Bagnols, ce ne peut être qu'en 1690, lors de son grand voyage de Vitré à Lyon, ou à son retour à Paris, à la fin de l'année suivante. En 1690, elle venait de Moulins et passa à Tarare. Elle était accompagnée de l'abbé Charrier, dont la famille fut alliée à celle des du Gué-Bagnols. Dans une lettre du 13 novembre 1690, elle dit qu'elle a pris en route quelques jours de repos, peut-être était-ce au château de Bagnols.

Mme de Sévigné et Mme de Grignan, revenues ensemble à Paris à la fin de 1691, ne se quittèrent plus jusqu'au printemps de l'année 1694. Le 23 mars de cette année-là, la comtesse de Grignan repart seule pour la Provence, d'où elle est absente depuis deux ans. Elle traverse le Bourbonnais, s'arrête à Moulins et à Lyon, et fidèle à la tradition de sa famille, elle va vénérer dans la première de ces deux villes les reliques de sainte Chantal sa bisaïeule, et dans la seconde celles de saint François de Salles, que Mme de Sévigné appelle à cette occasion et par une aimable familiarité son grand-père. Elle écrit le 5 avril : « Vous m'at« tendrissez en me parlant du cœur de ma grand-mère ; il « avait été rempli de l'amour de Dieu. Vous aurez trouvé « celui de mon grand-père à Lyon marqué à la même « marque : ces bonnes personnes-là doivent bien prier Dieu « pour nous. » L'innocente plaisanterie de Mme de Sévigné nommant saint François de Salles son grand-père, à raison des rapports spirituels qui unirent l'évêque de Genève à sainte Chantal, a produit une singulière méprise de la part de M. Capmas, éditeur du manuscrit des lettres découvert à Dijon en 1873 : « Il semble résulter, dit-il dans une note, de ce que dit M^me de Sévigné, que son grand-père avait été enterré à Lyon. On sait que le baron de Chantal mourut dans une partie de chasse à l'âge de 37 ans ; mais nous ignorions le fait particulier que paraît révéler notre lettre » (18). La lettre ne révèle rien du tout, et l'éditeur n'a pas compris que la marquise entend parler de saint François de Salles mort à Lyon, et dont le cœur, déposé d'abord chez les dames de Sainte-Marie de la Visitation de Bellecour, fut transporté, à l'époque de la Révolution, par les religieuses de ce monastère au couvent de la Visitation de Venise, où elles se réfugièrent et où il est encore l'objet de la vénération des fidèles.

Dans cette même lettre, publiée pour la première fois en 1876, dans l'édition Capmas, après la découverte du manuscrit de Dijon, M^me de Sévigné fait une curieuse allusion à un fait bien connu de notre histoire locale, mais qui paraît inexplicable à l'éditeur bourguignon, moins au courant que la marquise des anciennes traditions lyonnaises. M^me de Sévigné écrit à sa fille : « Vous y êtes aujourd'hui à ce beau « Lyon ; je suppose que les voleurs de *Vise* vous auront « laissé passer : ceux que vous avez trouvés en chemin « pendus et roués, étaient ou doivent être des passe-ports. « Nous ne vous perdons point de vue sur ce Rhône si fier, « nous vous croyons encore plus fière et qu'il aura pour « vous la conduite de ces anciens fleuves, qui étaient « galants. » A propos de ces mots : « Je suppose que les « voleurs de *Vise* vous auront laissé passer, » l'éditeur publie cette note : « Nous ignorons de quelle localité il « s'agit, et le nom pourrait bien avoir été mal écrit ; la

---

(18) *Édition Capmas.* T. II. p. 502.

« première lettre est douteuse dans le manuscrit et l'on
« pourrait lire *Dise*, aussi bien que *Vise*. » Puis il propose
de substituer au mot du manuscrit tel autre nom de localité
qui s'en rapproche par la terminaison, parmi celles que la
comtesse avait traversées dans son voyage depuis Paris (19).
Mais il est évident que c'est la seconde lettre du mot et
non la première qui a été mal lue, que *Vise* a été mis pour
*Vèse*, qui s'écrivait anciennement par *é* au lieu de *ai* et que
la marquise a écrit à sa fille : « Je suppose que les voleurs
« de Vèse vous auront laissé passer, » faisant allusion au
mauvais renom des bois traversés à l'entrée de Lyon par la
route de Paris, et redoutés des voyageurs à l'égal de la
forêt de Bondy dans le voisinage de la capitale. La marquise
avait assez fréquenté Lyon pour connaître le dicton populaire, conservé jusqu'à nous, qui dit d'une personne disparue
qu'*elle a passé par Vaise*.

La comtesse fit en bateau sur le Rhône, par un fort
mauvais temps, le trajet de Lyon en Provence. Sa mère,
reprise de ses anciennes terreurs, lui écrit le 19 avril :
« Mon Dieu, ma chère bonne, quelle pensée que celle de
« ce Rhône que vous combattez, qui vous gourmande, qui
« vous jette où il veut ! Ces barques, ces cordages, ces
« chevaux qui vous abîmaient dans un instant, s'ils eussen
« fait un pas : Ah mon Dieu ! que tout cela me fait mal !
« un bon patron vous eût mis à couvert dès qu'il aurait vu
« la bise si mutine : J'en avais un qui n'aurait pas fait un
« pas dans tous les périls que vous me représentez... Nous
« verrons bientôt comme nous nous démêlerons de ce
« fleuve si fier et si peu traitable. »

---

(19) Edition Capmas, loc. cit.

En effet, M^me de Sévigné qui avait depuis plusieurs années contracté l'habitude de ne plus se séparer de sa fille, ne tarde pas à aller la rejoindre. Elle doit d'abord partir de Paris le samedi 9 mai 1694, puis pour ne pas manquer la messe le dimanche, elle remet son départ de Paris au lundi 11 mai. Arrivée à Grignan, elle écrit le 20 juillet à la comtesse de Guitaut, la châtelaine d'Epoisses : « Je partis le « 11 mai, j'arrivai à Lyon le onzième jour, je m'y reposai « trois jours, je m'embarquai sur le Rhône, et je trouvai « le lendemain sur le bord de ce beau fleuve ma fille et « M. de Grignan, qui me reçurent si bien et m'amenèrent « dans un pays si différent de celui que je quittais *et où* « *j'avais passé*, que je crus être dans un château enchanté. « Enfin, madame, jugez-en, puisqu'on n'y voit ni misère, « ni famine, ni maladie, ni pauvres. On croit être dans un « autre monde, mais on ne laisse pas de se souvenir de ses « amis. » Dans une lettre antérieure du 25 avril, écrite de Paris à la comtesse de Guitaut, M^me de Sévigné a déjà parlé des calamités publiques et privées dont elle avait hâte de fuir le spectacle en allant en Provence : « Comme j'aime « cette campagne de Grignan, et le château et le pays, et « le repos qu'on y trouve, je me suis résolue d'aller me « mettre à couvert pour quelque temps, jusqu'à ce que « l'orage qui nous accable ici de toute part soit un peu « passé. J'ai perdu mes deux premières amies, M^me de « Lafayette et M^me de Lavardin. Pour le chevalier de « Grignan, il est sur le point de manger du pain de feuilles « et de fougères, n'ayant au monde qu'une pension « de menin qu'on ne lui paie plus. » Elle se plaint ailleurs « de n'avoir plus que « de mauvaises terres qui deviennent « des pierres au lieu d'être du pain. »

Au cours des années 1693 et 1694, la misère était grande

dans le Royaume. Une vraie famine sévissait par le fait des mauvaises récoltes et aussi de la mauvaise politique du Roi privé de ses ministres, dont la mort avait marqué le déclin du règne. « Les efforts du gouvernement, dit M. Henri « Martin parlant de 1693, ne portèrent qu'un faible et « tardif remède à la disette, qui engendra de cruelles épi- « démies, suite ordinaire de l'épuisement populaire. On « prétend (sans doute le chiffre est exagéré), qu'il mourut « cette année à Paris 96,000 personnes. »

Dans les provinces, les maux n'étaient pas moindres. A Lyon, en 1693, le blé valait 10 francs le bichet. Le nombre des métiers était tombé de 10,000 à 3,500 (20). Le 17 mai 1693, une émeute populaire mit en danger la vie des éche-vins et ne fut apaisée que par l'intervention personnelle de l'archevêque Camille de Neufville, qui mourut, le 3 juin, peu de jours après ce dernier service rendu à la paix de la cité. Mais si l'ordre était rétabli, la misère publique ne cessa pas, puisqu'un an après, en mai 1694, M^me de Sévigné qui venait de traverser Lyon, se félicite d'être à Grignan, dans un pays si différent « de celui où elle a passé », où l'on ne voit ni misère, ni famine, ni maladie, ni pauvres.

Elle ne dit rien de plus de son passage à Lyon. Deux mois après, le 1^er août, mourait dans cette ville son ami le chamarier de Saint-Jean, Charles de Châteauneuf de Roche-bonne, qui l'avait reçue dans son hôtel vingt ans auparavant, lors du premier voyage de 1672 (21).

M^me de Sévigné ne devait pas revenir de la Provence. Arrivée à Grignan, l'esprit attristé par les malheurs publics et la mort de ses meilleures amies, elle y retrouva, pour la

---

(20) Péricaud. *Notes et documents,* 17 mai 1693.
(21) Péricaud, *Notes et Documents,* année 1694.

fin de sa vie, un peu de bonheur au milieu de tous ceux qu'elle aimait. Au cours de l'année 1695, elle assista au double mariage de son petit-fils le marquis de Grignan et de sa petite-fille Pauline, devenue M<sup>me</sup> de Simiane. Ces deux alliances avec des familles opulentes étaient à point pour rétablir les affaires des Grignan, gravement compromises par l'excessive dépense et le train fastueux qui causaient à M<sup>me</sup> de Sévigné un si cruel souci.

Ainsi rassurée sur l'avenir de sa maison, la marquise de Sévigné mourut de la petite vérole à Grignan, le 17 avril 1696. Elle fut inhumée dans l'église collégiale de Saint-Sauveur, voisine du château. Une pierre et une inscription indiquent encore le lieu de la sépulture. Mais le tombeau est vide depuis que la fureur révolutionnaire, acharnée jusque dans la mort, contre ses royales victimes, a violé la tombe de celle qui fut, elle aussi, une reine par l'intelligence.

LYON. — IMP. P. MOUGIN-RUSAND.

www.ingramcontent.com/pod-product-compliance
Lightning Source LLC
LaVergne TN
LVHW010331030726
842520LV00004B/1405